JN410166

향기로운 시간들

유금준 시집

자서(自序)

시크라멘과 생일

그동안 <편지가족> 총회를 기하여 항상 출판을 해왔다. 그런데 올해는 어쩌다가 그 시기를 놓쳐서 내 생일에 맞춰서 시집을 출판하기로 했다. 앞으로 이런 생일을 몇 번이나 더 맞이할 수 있을까 하는 생각이 든다.

원래 생일날보다 이틀을 앞당긴 일요일에 각기 분가하여 사는 아들 가족들이 다 모여 정성을 모아 마련해 주었다. 잘 자라서 각기 사회의 한 몫을 하고 있는 아들들이 이런 날은 더욱 돋보인다. 행복한 마음으로 주말을 잘 보냈다.

월요일은 김영희(金映希)시인이 저녁을 하자는 예약이 있었다. 김 시인은 나의 반쪽인 남편이 가고 그 빈자리를 자신이 할 수 있는 한 모든 것을 다 해주는 — 내게는 좋은 인연의 친구이다.

나는 시크라멘을 아주 좋아한다. 결혼 전에는 생일 때마다 내가 꽃을 사서 스스로를 축하해 왔었다. 결혼 후에는 남편이 그 꽃을 사주어 나를 기쁘게 해주었는데,

남편이 떠난 후에는 김 선생이 시크라멘을 선물해 준다.

올해도 잎이 무성하고 실한 꽃대에 많은 꽃 봉우리가 맺힌 시크라멘 화분과 함께 저녁을 내는 자리를 마련해 주었다.

항상 든든한 친구, 자상한 친구, 언제나 나의 이야기에 귀 기울여주는 친구, 내 편의 후원자가 바로 이 친구이다. 그래서 그런지 사람들은 내게 인복(人福)이 많다고 한다.

그간에 여기저기 메모해 놓았던 원고를 이번에 다시 한 권으로 묶어 보았다. 한 살 더하는 쑥스러움을 이 시집으로 달래본다.

2009년 4월
유금준

1. 오직 한 사람

다리미질

주일 아침이면 다리미질을 한다
앞섶이며 뒷솔기, 소매를 다리고
바지에도 선을 세우며
자존심도 살린다

머리도 손질하고
구두도 닦고
그 다음에는
마음을 닦으러 성당으로 간다

눈에 보이는 것은
다 손질했는데
마음 닦는 것은 보이지도 않는다

마음을 다리는
다리미는 없을까?

혼자 있으니

혼자 있으니 대궐 같은 집
혼자 보기에 아까운 꽃들
혼자 있으니 헌옷을 입어도 멋쟁이
혼자 있으면 시간이 항상 넉넉하다

산뜻한 바람
새들의 노래
시골의 순박한 인심

시골이라는 새로운 세계
모든 것이 나만의 것이어서
혼자 있어도 시간이 늘 부족하다.

2002 월드컵 개막식

오대양 육대주의 60억 눈과 귀
32개국 국기가 오월 하늘 수놓아
상암구장은 하늘 가득
씨줄날줄 곱게 짠다

평화와 상생
나눔의 축제마당엔
흑과 백, 동과 서, 전통과 첨단이
모두 하나가 되어 어우러진다

코리아라는 위상이 흥에 겨워
절로 들썩이는 어깨춤
물결이 되어 흐르네.

꿈

지평선 저 멀리에서
가물가물 다가오는 듯하다가
제자리에서 멈춘다

묻어둔 진주 언제 캐나 기다리며
날마다 손끝에 피멍이 드는데
고층빌딩 그늘에서
자꾸만 작아지는 조막손

묻어둔 씨앗이 싹트고
꽃 피울 그날이 곧 잡힐 듯하여
애만 태운다

꿈이 있어 더 노력하는
영원한 나의 청춘.

말 한 마디가

말 한 마디가
삶의 의욕이 된다면
보약보다 좋은 것

말 한 마디가
자식들에게 교훈으로 남는다면
도덕선생 따로 없고

말 한 마디가
슬픔을 가시게 한다면
희극 무대 필요 없다

고상한 말로 품위 갖추어
겸손함으로 대하면
그 한 마디가
삶의 지팡이가 되어준다

진심 담은 말에는 향기가 돌고
상대를 아끼는 한 마디는
좋은 이웃이 되고
훌륭한 선배가 되어준다

조금만 생각 깃들여 하는
그 한 마디
모든 복 나에게로 돌아온다.

우박

천둥과 함께 쏟아진 소나기에
하수도도 목이 멘 듯 넘친다
대통령의 애타는 호소를
하늘도 아는지
우박으로 때린다

아무리 맞아도
뉘우칠 줄 모르는 인간들
애꿎은 식물들만 곰보가 되었다.

역마살

주말이면 혼자이고 싶다
봄이면 벚꽃 구경
여름이면 냇가로
가을이면 단풍진 계곡으로
겨울은 흰색의 길 누비는
나는 방랑자 되고 싶다

위에서 눌리고
아래서 버릇없이 치받는 조직사회
샌드위치가 된다

인간을 멀리하고
순리를 따르는 자연을 벗하기 위해
오늘도 페달을 밟는다

쌓인 한숨 길게 내쉬기 위해
지명을 외우며
팔도를 달린다.

자동차 수리점에서

기름때 묻은 그 사람과의 오랜 인연
이제는 흰머리가 되었네

타고 다니던 헌차도 그에게 물려주니
인연도 보통 인연이 아니네

진실함에는 여전히 변함없고
아무리 추운 날에도
혹독한 더위에도
기름때 묻은 그 옷에 꾹 다문 입
차 바닥을 들여다보며
조이고 바꾸기를 세 시간

드디어 부릉 부릉 소리 내는 자동차
일하는 그 모습이
대통령보다 더 위대하게 보인다.

병실 풍경

침대마다
그간 살아온 향기 다르다
나날이 쌓인 미움으로 굳어진 표정
침대에 벌레같이 누워
눈총을 받는다

병실의 모습과 분위기는
가족간의 일상을 그대로 옮겨 놓은 듯하다

5박6일 동안
7권의 소설책이라도 읽은 듯한
병실에서의 체험
나의 무료함을 식물도감이 채워 주었다

내가 저들의 행렬에 끼지 않음이
참으로 다행이라는 생각이 든다.

우정

— 장뇌삼을 받고

은구슬 같은 목소리가 들려 온다
손자 주려고 사 놓은 산삼에
내 몫까지 챙겨놓았다는 장뇌삼
나도 친구 주려고 마련한 금반지와 내의
동짓달 눈 속에 핀 매화같이
미소 잃은 입가에 꽃이 핀다

서로의 우정을 이어주는 귀한 선물
십년 묵었다는 가녀린 모습이
불로초같이 느껴져
다시 청춘으로 돌아간 듯하다.

우리 동네

천천히 밀려드는 파도에
옛것이 쓸리어 흔적조차 없어졌다
큰 대들보의 기와집들이
주점으로 바뀌어
밤이면 도로까지 술상들이 펼쳐진다

밤마다 알코올에 절어
비틀거리면서도
부끄럼 모르는 사람들

옛날에는 가회동 양반이라고 했던
우리 동네사람들
이제는 남녀노소 구분도 없이
함께 물들어간다.

자축의 그날

포클레인으로 뒤엎은 두충 밭
하얀 백지위에 그림을 그리듯
벽돌을 쌓고 보니
아담한 공간이 되었다

여기까지 오기 위해
밤마다 카탈로그를 보며
푸른 초원에 지은 그림 같은 집
여기서 회갑연도 열었다

정축년 이른 봄에
정원에도 수를 놓으며
무쇠 솥에 밥도 짓고
단풍을 병풍삼아
백일 앞으로 다가올 진갑상 차려
친지들을 불러 모으고 싶다

그날을 자축하기 위하여
못이 박히도록 일만 한 내 손
구비 구비 살아온 내 인생에
이제는
많은 사람들로부터 박수를 받고 싶다.

한라산 철쭉제

아무리 걸어도
숭숭 구멍 뚫린 화산석 뿐이다
가파른 윗새오름 오르며
고행의 길 생각해 본다

완만하다고는 하지만
어리목에 오른 장애자의 의지를 보니
작은 일에도 힘들다고 아우성치는
우리의 십대들이 생각난다

분지에 펑퍼짐하게 깔린
철쭉들의 축제
힘든 우리를 반갑게 맞이한다.

친구

떠들기 좋아하는 영순이는
나보고 내숭이라고 한다
말하기보다는 듣기를 좋아하니
시기를 한다

노래 부르기 좋아하는 묘순이는
따라 부르라고 하지만
웃기만 하는 나를 보고
생각이 깊다고 한다

가끔씩 그들을 만나면
말수가 적어서 좋다며
비밀 이야기 나에게 다 털어놓는
친구들.

눈 온 아침

온 세상이 하얀 천을 두르고 있다
경제난에 지친 사람들의
썰렁한 마음을 포근히 감싸고
침묵의 묵상이다

텔레비전 '아침마당'에 출연한
열여덟 살의 미디어 사장,
지하철 가방 아저씨의 세상살이 이야기
눈처럼 포근하다

하얀 지붕, 하얀 산, 하얀 나무들
온통 흰색의 세상에서
마음도 하얗게 눈이 부시는 아침

사랑의 소식 싣고 온
우체부 아저씨가 눈 위에 길을 내며
흔적을 남긴다.

오직 한 사람

너와 나의 다른 점
사람마다 지닌 가시가
나를 찌른다.
기대치와 기준이 다른데
채워지지 않는다고 아우성이다

그래도
내 마음, 내 성격 알아주는 이
오직 그 한 사람
진실하다고 정직하다고
인정해주는 이 있어
그와 마주 보고 웃으니
너무도 고마운
오직 그 한 사람.

라면을 먹으며

라면으로 한 끼를 때우며 공부를 한다
국수는 고속도로 같지만
꼬불꼬불한 라면은
인고를 다 겪은 인생 같다

임춘애가 라면을 먹고 뛰어
월계관을 썼듯이
나라고 그 월계관 못 쓰랴

라면을 먹으면
시간절약을 단번에 해결하고
다시 돋보기를 고쳐 쓴다

값싸고 조리방법도 빨라
이제는 서민들의 주식이 되어버린 라면
허기진 나를 포만감으로 만들어주니
시간을 소중히 여기는 나는
라면에 의지해 오늘도 뛴다.

칠순잔치

달린 열매마다 잘 익어
향기를 풍기네
오늘 우리 가족 다 모여
만남의 화해
고희의 언덕에도
목단 같은 얼굴

새로운 다짐으로 뭉치며
즐기는 이 밤
이모, 조카, 질부…
다양한 호칭의 끈으로
만수무강 빌며
묵은 정 새로 새긴다.

책상 앞에서

텔레비전속의 요리들은
모두 다
내게는 그림의 떡이다
아들이 쓰던 책상 앞에 앉아
잃어버린 시간들을 파고 든다

너희들의 손때 묻은 사전을
깨알 주워 담듯
머리 속에 담으며
나의 작은 꿈 이루려한다

그 시간 속을 헤매다보면
눈물이 고이고
가슴속 응어리가
백발 언저리에서 꽃이 핀다

낡은 네 책상 차지하고 앉아
견비통 이겨가며
안간힘으로 손을 놀린다.

세월이 가져갔는가?

메마른 눈길로 텔레비전을 본다
그 많던 의욕은 어디 가고
코를 골다가
실눈으로 쳐다보다가
다시 감는 눈

하루 종일 눈만 뜨면 텔레비전
누우면 신문
둥지 떠난 아이들이
즐거움을 다 가져 갔는가?
아니면 세월이 가져갔는가?

윤기 흐르던 지난 시간은
저 멀리 달아나고
질기고 앙상한 가을이 버석인다

손녀의 "하비, 하비"하는 전화만이
그의 생명수
그 소리에 다시 봄이 된다.

살찐 비둘기

지난 밤
주정꾼이 토해놓은 오물에
평화의 상징이라는 비둘기 두 마리가
머리 맞대고 쪼아댄다

청문회 열리는 날
금배지 달고 황금빛 욕설 속에
곤혹 치르던 사람들
먹은 것 토해내고
토한 것 다시 먹던 사람들

살찐 비둘기들을 보니
그들이 생각난다.

2. 빨간색 매니큐어

빨간색 매니큐어

통통한 입술의 이십대가 바른
빨간색의 매니큐어
앵두같이 보인다

청바지를 입은 멋없는 삼십대
그 손 은색 펄의 매니큐어
눈먼 여인처럼 보인다

흰머리 빨갛게 염색한 오십대
매니큐어 반쯤 벗겨진 손톱은
철들지 않았다고
스스로 광고하는 것처럼 보인다

내 나이
내 위치에 맞는 화장이
가장 아름다운 법.

줄 장미를 바라보며

줄장미가 눈길 끌어 바라보니
마치 호국의 영혼들이
담장 위에 걸터앉아 우는 것처럼 보인다

유월은 보훈의 달
피로 지킨 우리나라
그들이 피 토한 그 자리에
원혼의 선홍색 장미들이
줄지어 피어난 것 같다

흐느끼고 있는 것만 같다.

미움의 뿌리

작은 뾰드락지 건드렸더니
야구공 만하게 되었네
파운데이션 아무리 덧발라도
감추어지지 않네

작은 뾰드락지
파내고 또 파내니
우물만큼 깊어졌다

다시 손톱으로 밀고 또 밀어도
그 뿌리 얼마나 깊은지
까딱도 하지 않네.

그 마음

꽹과리를 쳐도
북을 두드려도
언제나 마이동풍인 당신
외면인가요?

용광로는 끓어 넘쳐나고
삭혀지지 않는 분노로
두 눈 부릅뜨는데
당신은 모르고 있네요

선하고 자상한 성격인데
그러나
나에게만은 꼭 이기려고 하는 당신
알 수 없는 당신의 그 마음.

남편의 새해 아침

희망의 새해라는데
아무런 계획도 없고
주어진 길만 따라가는 장님처럼
뜨거운 구들장 지고
텔레비전 볼륨만 높여댄다

젊을 때는 두 시간만 같이 있어도
게으름, 나태로 덧나던 미움
그런 게으름도 ME 교육 후로는
듬직함이라 생각했었는데

아이들도 둥지를 다 떠나고
둘만 남은 공간에서
눈동자도 맞춰가며
좀 더 나은 내일 설계하고 싶은데

연휴 기분으로
풍선같이 부풀어 있는 내 마음에
사흘 내내 미움만 키우네.

손녀의 말

"공부해야 하는데
미국에 와서 한가롭게 지낸다"했더니
4년 2개월 된 손녀가 나를 위로한다
"사람은 누구나 다 공부하지요.
저도 하고요. 미국사람도 중국사람도 다 해요."

아가!
너의 뛰어난 머리
네가 함께 할 친구가 없어 염려스럽다
부디 티 없이 바르게 자라다오
우아한 여인으로 성장해다오

아가!
아직은 너의 총명함을
제대로 수용하지 못하는 주변여건들이
안타까울 뿐이란다.

서로 다른 색깔들

초록은 동색이라 하지만
같은 듯하면서도
서로 다른 봄의 색깔들

사람이면 다 사람인가?
천태만상의 사람들이 있듯이
꽃들도
흰색의 꽃, 빨간색의 꽃, 노란색의 꽃들…
저마다 색깔들이 선명하다

의롭고 정직하면
오히려 바보 취급당하는 이 세상
초록이라고 다 같은 색은 아니다

멀리 보이는
남산의 파스텔 톤 은은한 색깔들
오늘은 참으로 조화롭게 보인다.

흐르는 춧농같이

기대감이 무너져
말문이 막힌다
기가 막힌다

자장가 불러가며
차곡차곡 쌓아올린 내 기대

어제의 고운 꿈들이
순식간에
주르르 흘러내린다
춧농처럼 흘러내린다.

제자리 찾기

제자리 찾기 위해
독기 서린 주변의 화살
과감히 잘라낸다

내가 만든 내 자리
지키기 위해
이기기 위해
그래도 넘보는 접촉의 눈길

원래 내 자리는
아내 자리, 집주인이라는 자리
그 자리 지키며 조용히 살고 싶다.

나를 보고 놀란다

나는 가끔 멍청한 나를 보고 놀란다
공부를 잘한다고
때로는 기발한 아이디어로
사람들이 놀라곤 했는데
요즘은 심한 건망증으로
무엇이든 까맣게 잊어버린다

욕실이나 주방, 안방에 둔 물건들
그 물건 찾지 못해
결국은 모두 버리게 되니
그러고 보니 나는 지금까지
나를 천재쯤으로 착각하고 살았나 보다

이삿짐을 싸다보니
그간 잃어버리고 못 찾은 물건들
여기저기서 튀어 나오네
그 물건들 보며
내가 놀라고 또 놀라네.

닮은 꼴

까만 피부의 여자는 까만 아이 손잡고
하얀 피부의 여자는 노랑머리 아기 안고
뚱뚱보 할머니는 살찐 아이 손잡고 걸어가네

까만 사람은 흰 사람을
살이 찐 사람은 마르기를
모난 성격의 사람은
푸근한 사람 되기를 희망하지만
닮은꼴은 대물림하는 법

알뜰한 우리 어머니의
그 생활을 본받은 듯
어떠한 물건이라도 버리지 않는
알뜰함의 대물림.

원망이 가네

섬섬옥수로 곱게 수놓은 옷에
느닷없이 날아온 흙 묻은 공
조금이라도 막아주지 않는 당신에게
원망이 가네

날마다 공들여가며 만든 비단옷
그 오점이 지워지지 않아
이제는 간수하기조차 힘이 드네
차라리 무명옷만 못하네

인내라는 이어폰을 끼고
인내라는 마스크도 끼고
입을 막자
차 한 잔으로 마음을 달래자.

앵두

뒤뜰 장독대에 핀 앵두꽃
날마다 도듬도듬 자라더니
멀지 않아 맛 볼 거라는 기대감

지난 일요일 그 누가 몽땅 따 가서
허공만 보며
돌아섰다
다시 내년을 기다리는 수밖에.

해맞이

계미년의 새벽
간절곶으로 해맞이를 간다

가정의 평화와 가족의 건강을 빌며
바위를 의지하듯
붉은 해를 바라본다

보신각의 제야의 종소리 들으며
병이 찾아온 육신의
헌 보따리 집어던지고
생생한 모습되기를 기대하며
활기찬 걸음으로 해맞이를 나선다

제발 소원대로 이루어지기를 믿으며
다시 한 번 빌어보는
노년의 풍요와 건강

묵은 해 저만치 밀치고
더 크게
더 높이
떠오르는 붉은 해

두 손 높이 들어
새해를 맞이한다.

나는 모른다

어린 시절에는
할머니들이 말하는
'불안'과 '허무'라는 말의 뜻을 몰랐다

생의 마지막에서
그 어른이 보챈 것은
뭔가 할 말이 있어서였는데
귀찮게만 생각했던 것이
오늘은
채찍이 되어 눈에 밟힌다

막내딸로써
어리광도 부리고 싶었는데
떠나고 나니 후회만 남는다

세월이라는 약으로 치유하기엔
너무 많은 후회
지워도 지워도 살아나는 아픈 기억들.

흰색 옷이 좋다고 했는데

평소 흰색을 좋아해
흰옷만을 입었는데
어머니 돌아가시고
검은 색 옷을 입으니
마음마저 우울해진다

봄 햇살에 분홍 매화 곱다고
찍어대던 사진기도
어머니 계시지 않으니
혼도 넋도 모두 나갔는지
구석에서 잠만 자고 있다.

모두들 춥다하네

대문 열고 들어서면
강아지만 꼬리치고
방문을 열면
찬바람만 마중 나온다

댓돌 위 고무신은
먼지로 덮여있고
방문 위엔 거미줄이 쳐져 있고
샐비어 화분도 페츄니아 화분도
춥다고 울고 있네

수십 년 전
두 사람이 처음 만나
이제 다시 두 사람만 남았네

젊은 날엔
무인도로 가서 살자하더니
이제 우리 그곳으로 둘이 가서
다시 깨를 볶으며
서로의 체온 주고받으며
냉기라도 막아봅시다
그렇지 않으면
현관 따뜻한 집으로 이사라도 갑시다.

새해를 기다리며

제발 빨리 가다오. 94년
금년은 지루한 인생에 한 획은 그은 해
사십년 젊어졌던
미용이라는 직업을 내려놓고
나는 몸살을 앓는다

오십년만의 더위에다
나도 몰래 내다버린 내 물건으로
밤마다 잠을 깰 때는
밟힌 자존심에 몸부림을 친다

추석날
보름달 본다며 나간 아이
아직도 달을 찾아 헤매는지
방문 앞 지켜보다 피를 토한다

엎친 데 덮친 격으로
11월 10일에 던진 남편의 사표
이제는 의료보험증도 없어지니
웃음마저도 달아난 올해

아직도 고운 꿈은 많고 많은데
지난날의 그 웃음들 되찾을 수 있게
제발 어서 가다오.
94년이여!

학원 합격

삭정이 같은 몸으로 오르내리던 계단
그간 흘린 눈물에 새순이 돋아났다

4월 희뿌연 황사 하늘도
단비가 씻고 갔다

오목하게 들어갔던 볼에 미소를 지으며
십리 쯤 들어갔던 눈동자에도
샛별이 뜬다

원망의 자취도 묻어버린 날 4월18일
부르튼 발의 딱지를 만지며
이제는 마음도 느긋해진다

어제의 어둡던 밤에 촛불을 켜고
나도 이제는
군중 속에서 발맞추며 걸어가리.

목련을 바라보며

파란 하늘 이고
공단 같은 날개를 펴고
백목련이 피어났다

이 봄 다 가도록
부디 그 나래를 접지 마라

너를 볼 때마다 소복단장에
장독대에 정화수 올리고
그리운 님 행여 만날까
두 손 모으던
청상의 내 올케 생각이 난다.

자는 아들들의 모습을 보며

동지도 지나고
편지가족 일로 잠이 오지 않는다

온 세상이
하얀 눈으로 뒤덮인 깊은 밤
가만히 문을 열고
세 아들 가족 일곱 명의 자는 모습을
말없이 바라본다

험한 눈길에도 이렇게
어미의 존재를 알고 찾아와 주니
대견하구나

포근히 자는 너희들의 모습을 보며
기도를 해본다
'건강하게 항상 웃음 꽃 피우고
가정에는 평화가 따르며
가는 길은 고속도로같이 평탄하기를.'

서로 다른 눈물

만남의 기다림에 지친 너희들
오른쪽 눈에서는 반가움의 눈물
왼쪽 눈에서는 원망의 눈물
똑 같이 내 앞에 와서 앉았는데
말없는 너에게서는 진실이 보이고
말 많은 너에게서는 가식이 보이는
두 눈의 서로 다른
눈물의 의미.

이 가을에

윤기 나던 피부가 건조해지듯
물기 마른 낙엽들이
훌훌 다 벗고 뒹굴고
살 속 깊이 파고드는 바람이
등줄기부터 시려온다

당신이 떠나간 아픔에
밤마다 뒤적이는 사진첩
추억만이 남아있다

높푸른 하늘도
온통 회색으로 보이는
이 가을.

3. 만두를 빚으며

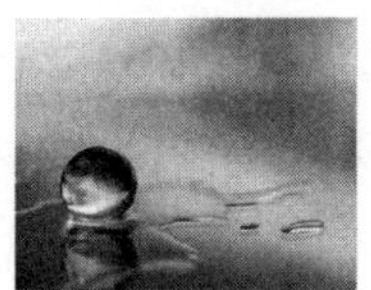

목적이 다르다

열 명이 모여 회의를 하는데
서로의 목적이 다르다
그 중 누군가는 회장 자리 넘보고
빼앗으려는 속내가 느껴진다

이 편 저 편에 앉았지만
너는 너
나는 나
말은 안 해도 서로의 틈새가 보이는
모래성 같은 회의.

백발의 축제

개교 66년 역사의 상평초등학교는
폐교라는 꼬리표를 달았지만
빛바랜 사진첩의 얼굴들이
백발이 되어 오늘 다시 모였다

코스모스가 환영하고
바람이 맞아주는 교정
가난한 옛이야기들로
웃음꽃을 자아내며
십대의 그 모습으로 달려간다

다시 만남을 기원하며
큰소리로 불러보는 노래 자랑
풍성한 축제의 기쁨을 아는지
하늘도 청명하다.

교문을 들어서며

안 해도 누가 뭐라 할까마는
뒤늦게 시작한 공부
유연성 가신 몸에
무거운 책가방
나날이
나는 외줄 타는 광대가 된다

미국여행에 들뜬 남편은
신혼여행이라도 가는 듯 즐거워하지만
그간 한 번도
내 스스로 선뜻 먼저 따라나선 적 없이
언제나 마지못해 따라나선 여행

언제나 변함없이 교문을 지키는
수위 아저씨의 경건한 경례를 받으며
사는 것의 즐거움도 모르고
그냥 걷기만 하는 내 발걸음
예측 못할 내일을 가는 것 같다

여행을 좋아하는 친구들에게
부러움의 시선을 보내면서
오늘도 나는 교문을 들어서며
합격이라는 그날을 바랄 뿐이다.

만두를 빚으며 · 1

지난 겨울
유난히도 많이 만두를 잡수시더니
세 끼를 다 만두로 때우시더니
그러면서 "고마워요"를 연발하셨지

명절 때마다
당신 따라 하라며
그 솜씨 가르치시려고 노력하시더니
그냥 가시고 말았네

그리움을 담아
만두 속을 채워 넣고
꼭꼭 여미는 자리마다
어머니의 체취를 느껴본다

만두를 빚으며
오늘 어머니를 만난다.

만두를 빚으며 · 2

만두를 빚어도
이제는
아무도 칭찬하는 이 없네

아직도 후루룩 후루룩
국물 마시는 소리 귓가에 쟁쟁한데
어머니는 형체도 없이
한 줌의 재가 되어
가는 곳 마다
추억의 보따리만 남아있네.

ㄷ자 지적도

ㄷ자로 생긴
사면초가의 지적도 안에서
수십 년을 살다보니
문화생활에서는 저만치 뒷걸음

고층아파트의 정돈된 내부
모두들 그런 생활 부러워 떠난
시대의 변화에도
꿈쩍 않고 살아온
이웃집들과 실핏줄 같이 얽힌 세월

납작한 지붕에
금간 건물에서
또 한 해가 간다.

단식을 하며

35일간의 단식에도
아직도 우후죽순처럼 돋아나는 병들
기관마다 녹 쓸어
죽음의 언덕에 서고 보니
지나온 날 후회 된다

회복기에 입맛 당기기 시작하면
돌도 삼킨다는데
단식의 성공은 회복기에 있다는데
나를 믿지 못해
마스크를 하고 음식을 만든다

내일을 위하여 참고 또 참는
나는 지금 단식 중.

뉴질랜드에서

양몰이에 털깎기를 하며
나의 대담성에 놀란다
나도 일찍이
이런 국제사회에 발을 디뎠으면
지금쯤 주인공 되었을 텐 데

날마다 선진국 진출의 꿈
그 의욕마저 잠들고
이제는 관광객이 되어
아쉬움의 넓은 땅
마음껏 밟아본다.

가을

알밤, 상수리, 은행…
가을이 안기는 선물에
대지의 후함을 배운다

가을의 풍요는
누구든지 다
인심 좋은 사람으로 만든다

자연이 인간에게 주는
가장 위대한 선물
가을.

제자리

누구든지 제자리에 있기를 바라는데
제자리 찾지 못하고
헤매는 사람 보면
말마다 독기서린 화살
그 화살은 옆 사람을 찌른다

내가 내 자리에 있고
남의 자리 넘보지 않으면
모두가 제자리
자기 자리 지키는 그 사람
가장 아름다운 사람.

낙엽 지듯

그간 열심히 다니던 성당
세월이 지나며
조금씩 신선감도 떨어진 것 같은데
가요무대 18년 진행자도
자리 내주고 떠난다는 소식

이십 때부터 하던 내 직업
육십 넘어
이제 그 자리를 떠나니
마치 세상을 등진 것 같은데
지하철도 흰색 표 한 장으로
무임승차하는 승객이 되었다

마치 인생의 낙엽된 것 같아
처진 어깨에 서러움이 밀려든다.

빈 집

입다버린 옷
살다 떠난 집
불 꺼진 화로
영혼 떠난 몸
부엌엔 드나드는 쥐
뜰에 가득한 잡초
빈 집에 문짝들이 나뒹군다

도시로 도시로
더 좋은 삶 찾아 떠나더니
공기오염에 식수오염에
다시 되돌아온 농촌

흉가 같던 빈 집들이
갑자기 값 뛰기 시작하네
음지가 양지되는 현실.

현실과 이상

텔레비전 속에서는
모두가 이상세계처럼 보인다
뱁새가 황새 될 수 없듯이
현실을 현실로 바로 보며
나는 나의 길을 가련다

무거운 발걸음으로 가던 병원출입도
고마워하기로 마음먹으니
마음이 한결 가벼워진다
왜냐하면
이 또한 생명이 있으므로
가능한 일이기 때문이다

직조를 짜듯이
소중한 시간을 짜 맞추며 사는
현실이 감사하기만 하다
삶도 아름다운 한 편의 드라마이다.

중정(中正)

많지도 않게 적지도 않게

옷도 몸에 맞아야 예쁘고
음식도 알맞게 먹어야 건강하듯이
돈도 많으면 분수 지키기 어렵고
없으면 구차하다
모든 게 적당하게
'중정'이라는 말 아름답다

권력도 지나치게 남용하다보면
결국은 굴욕이 되어
은둔생활로 이어지고

더 좋은 것,
더 많은 것 바라는 것은
오래 가지 않는 법
미련함만 남는 것.

우리 가족

방위병 아들 새벽 출근
세수도 못하고 가면서
어미 방 연탄은 갈고 가네
아들 마음 머물러
불 꺼진 방도
하루 종일 훈훈하네

새 옷을 사다주면
형이 한 번 입고 난 후에야 입는 아들
바다 같은 그 마음에 넘치는 웃음소리

대문 들어서면서도
형과 아우 먼저 챙기는
사랑스런 그 마음
단란한 우리 가족.

일상속의 행복

날마다 되풀이 되는 일상이지만
하나의 시간표
그 리듬 깨지면 건강도 잃는다는
보편타당의 진리

때로는 일상이
쳇바퀴 돌 듯 권태롭게 느껴지지만
진리는 항상 평범함 속에 있는 것
이것이 행복한 삶으로 가는 길.

마네킹의 미소

항상 똑같은 곳에 서서
입 꼬리 올리고
변함없이 반기는구나

외면하는 사람도
눈인사조차도 건네지 않는 나에게도
입 꾹 다물고
침울한 표정의 사람들
그래도 너는 언제나 그 자리에서
미소를 띠고 있구나

비록 생명 없는 미소지만
나도 너의 미소 배우련다.

지하철에서

책 읽는 여인
메모하는 손
깨끗한 용모
가지런한 다리

건너편 여자들과 비교하니
안도감을 느낀다

수염 깎은 자리 파랗고
바지에 줄 세운 남자
어디서 무엇을 하는 사람인지?
모양내고 어디로 가는 걸까?

그의 아내는 분명
부지런한 사람일거라는 생각을 하면서
나름대로 온갖 그림을 그려보는 지하철.

신발

먼지 앉은 구두에서는 삶의 고달픔이
학교 복도의 신발장에선 초롱한 눈망울이
뒤축 접은 신발에서는 생활의 무질서가
군인이 신은 군화에서는
무쇠도 녹일 것 같은 든든함이
상점 진열대 위의 아기 신발은
장난감 같이 귀엽다

현관에 가득 놓인
갖가지 색깔들의 우리 집 신발들
삶의 희망이 보인다.

결혼식장에서

두 손을 사뿐히 모으고
사랑하는 사람과
피아노 웨딩마치에 한마음 되어
기도하듯 걸어간다

낳았을 때 딸이라고
서운했던 마음 없어지고
양탄자 깔린 이 길처럼
평탄한 일생이기를 빌어본다

황홀감도 잠시 잊고
하객들도 잠시 잊고
코끝이 찡해오네.

가을 밤

새 신을 신고 낯선 길 걸으니
오십 넘어선 고개가 힘에 겨운지
자꾸만 뒤뚱거린다

기우는 동짓달의 밝은 달이
허전한 이 마음을 아는지
가만히 안아 준다

지난날의 고운 꿈
가만히 뒤돌아보는 가을밤.

'자유'라는 행복감

늦잠에서 깨고 나니
한없는 행복감이 밀려든다
매일 이런 생활의 연속이라면
그때도 이런 마음일까?

자유는 양념과 같은 것
게으름의 결과에는 성취감 없듯이
지나친 자유는 방종

짜여진 시간표대로 일개미 되어
행렬에서 낙오되지 않게
스스로 구속하며 엮어온 지난 세월

청춘을 송두리째 바쳐가며
오직 노후의 여유만을 생각하며 살아온
지난 날
이제 그 힘든 고개를 넘었다는
즐거움에 잠시 취해
오랜만에 누려보는 이 자유.

4. 바람의 선물

입장을 바꿔본다

보고 들은 것 다 걸러 가며
고집과 편견을 접고
입장을 바꿔본다

잘난 척, 무시하던 말
스스로에게 충고하며
이제는 나이만큼 성숙하고자
언어도 다스린다

항상 대중 앞에 나서는 마음으로
차림새에도 신경을 쓰고
거울도 자주 들여다본다

나의 하나하나가
내 가족의 얼굴이라 생각하니
생각과 행동에도 마음이 쓰인다.

지금이 좋아

직장생활 건실한 남편
희망을 안겨주는 아들 셋
방패처럼 계시는 구십 넘은 어머니
환갑 넘은 언니의 따뜻한 보살핌
활기찬 나의 사회생활
주일마다 들려주시는 신부님의 귀한 말씀

모두가 나를 활기차게 하는
지금이 좋아.

행복의 노래 부르게 하는 좋은 인연들
감사하게 생각하는
지금이 좋아.

숨바꼭질

— 화수분

파란색 지폐 한 장으로
전기료 내니 거슬러준다
손님이 와서 커트하고
다시 만원이 되었다
방범비 내고나니 없어졌다
다시 손님이 와서
머리 빗고 채워준다

신문대금 내고나니
이웃 아주머니 와서
다시 채워준다

계란 사고 나니
영이가 다시 새 지폐로 바꿔준다

채워지면 나가고
나가면 또 채워주는
나의 일터는 화수분 같은 곳

월말의 금고 안을
온 종일 들락거리는
파란색 지폐 한 장이
숨바꼭질을 한다.

포도

내가 좋아하는 포도를
온 가족이 내 입맛을 닮았는지
먹는 그 모습이 보기 좋아
흐뭇하게 바라본다

그러나 남편은 우리 포도 시다고
켈리포니아산 포도만을 찾으니

신토불이 제쳐두고
수입포도 사러 나가는 내 발걸음
내키지 않아 무겁다.

차 한 잔

눈이 내린다
적막함 속에 찻상을 펴니
차향이 감돌아 내 마음을 적신다
굳이 벗 없어도
혼자서 대화를 나눈다

찻잔이 전하는 따사로움에
마음을 차분히 가라앉히니
포근하게 느껴지는 눈

외로울 때 나누는 차 한 잔
그는 나의 친구
나의 스승
온갖 시름을 다 잊게 한다.

갈대

마음속에
선이 자리 잡으면
악이 들어오지 못하듯이

사람과 사람 사이에는
좋은 날, 궂은 날들이
씨줄과 날줄처럼 얽혀있다

때로는 토라졌다가 다시 만나기도 하며
그래서 사람 인(人)자처럼
서로가 의지하며 살아간다

사람은
바람 따라 이리저리 흔들리는
갈대가 아니다
결코 변해서는 안 되는 것이
사람과 사람과의 관계인 것을.

봄비를 맞으며

봄비에 세수한 딸기가 웃고 있다
눈처럼 휘날리는 벚꽃
뒤뜰 배꽃은 미소 짓고
동백은 수줍어한다

대지가 풍요 안고
저마다 싹을 틔우고
죽은 듯 잠자던 담쟁이도
실눈 뜨는 봄

봄비에 모종삽 든 내 마음은
벌써 추수를 생각한다
심어야 거둘 것이 있듯이
고추랑 호박을 애기 다루듯 한다

봄이 좋아
흙이 좋아
단비 맞으며 부지런을 떤다.

평화로운 뜰

빨간색의 포인세티아가 손짓한다
노란색을 띤 금 잉어가 눈짓한다
폭포처럼 물방울을 일으키는
물레방아가 미소 짓는다
청사초롱이 춤을 춘다
단풍잎이 나비되어 날아 다닌다
어머니 얼굴 같은 국화꽃이
악수를 청한다
일그러진 영혼들이 출렁인다

남녘에는 태풍이 온다는데
이곳에서 바라보는
모든 풍경은 평화롭기만 하다.

세월의 흔적

삼강오륜 잊어서 무너진 그 집
삶의 고뇌 묻어난 그 얼굴

장가갈 때
미남이라고 소문난 그 얼굴
오늘 칠순에 와서 보니
누군가에게 밟힌 듯 살아온
찌든 오기의 얼굴
추하게 보이네

남자는 착한 여자 만나야 하고
여자는 남편 그늘에서 살아야
가정의 평화가 온다지.

눈 덮인 세모

300mm가 쌓였다는 눈 소식
세상이 온통 흰색의 도화지 같다

정동진으로
호미곶으로
울릉도로
해맞이 나간 사람들
뜨는 해 보기도 전에
눈 속에 갇혔다는 소식

온 종일 폭설 소식과 함께
올 겨울 들어 가장 추운 날씨라는 말만
귀가 따갑도록 떠들어대는
텔레비전 뉴스

나와는 상관없는
강 건너 불구경 하듯
귓결에 흘리고
다리미질만 하는 평온한 새해.

이불을 빨며

지난 해 묵은 마음 버리려
이불이며 요, 베개를 빤다
거품 속에
지난해의 찌꺼기가 묻어나간다

새해에는
새하얀 이불
보송보송한 요
눈부신 베개를 베고
산뜻하고 건강하게 출발해야지

아들아! 너희들도
좋은 남편
좋은 아버지되거라

새해라는 것은
단순히 나이만 한 살 더 먹는 것이 아니라
모든 것이 그만큼 더
성숙해야 한다는 의미도 있는 것이란다.

아들에게 · 1

아주 사소한 것들의 변화가
나중에는 즐거움이 된다는 것을
행복의 길이 된다는 것을
보통 사람들은 잘 모른단다

새해에는
굳이 거창한 계획을 세우지 않더라도
조용히 일상을 돌아보며
나로 인해
주변사람들이 불편해 하지 않았는지를
생각해 보고 찾아보기 바란다

잘 산다는 의미는 돈의 의미도 있지만
모두로부터 사랑과 존경을 받는 것이며
자존심을 지키는 일이라는 것을
명심해 주기 바란다.

아들에게 · 2

새해에는
출발을 힘차게 하여라
아름다운 세상을 향해
더 나은 해를 기대하여라
어제도 오늘도 똑같으면
보다 나은 내일을 기대할 수 없단다

아무리 좋은 것도 관리하지 않으면
아무런 소용이 없단다
사람 관리
재산 관리
자기관리를 철저히 하여라

이제 어미는 너희들을
관객처럼 멀리서 바라보련다
이것이 어미의 기도이다.

아들에게 · 3

부지런히 마루를 닦는다
그래도 나의 수고가
조금도 힘들게 안 느껴지는 것은
너희들에게 물려 줄 집이기에 그렇단다

살아있는 동안 내가 잠시
이 집을 빌려 쓰다 간다는 생각을 하면
형식적으로 하는 것이 아니라
봉사의 마음이 든다

아들들아!
이 어미에겐 '내 것'이 없고
모두가 '너희들 것'이라 생각한다

먼 훗날 너희들에게
무엇을 보여주고 갈 것인지
무엇을 남겨두고 갈 것인지
지금 나의 모습이 조심스럽구나.

당신 때문에

월급봉투도
밤새워 쓴 원고료며
목쉰 대가의 강사료도
아무 말 없이 건네준다

백점 받은 아이
자랑하고 싶어서
칭찬받고 싶어서 뛰어오듯이
퇴근 후 곧장 집으로 와 통째로 내민다

부정부패로 살다보면
세상의 밑바닥으로
처참하게 떨어지는 낙엽들 얼마나 많은가

노력하는 당신의 모습을 보고
나 또한 뼈 부서지게 일한다는 것을
당신도 알고 있지요?

노인을 보며

화려한 의상에 등 굽은 흰머리
그는 애써 아닌 척
경쾌한 척 하지만
내가 보기엔 모두들 같아 보이는데
옆자리의 머리 단정하게 빗은 이가
기침하는 그 노인네
불쌍한 듯 힐끗 훔쳐 본다

날개가 다 꺾인 그는
쥐구멍이라도 찾는 듯
안절부절이다

젊은 날 어떻게 보냈는지를
모든 사람들이 심판관 되어
그를 들여다보고 있다

귀중한 시간 놓치지 않으려고
허둥지둥 앞만 보고 살아온 나
오늘은
붉은 색도 푸른색도
모든 게 회색으로 보이는구나
4호선 지하철 속에서
마음이 내내 우울해진다

내 앞의 두 노인네 모습
나의 거울 되어 서 있네.

누가 있길래

누가 있길래
이리 자주 고개를 내미나?

말갛게 세수한 딸기 잎
촉촉하게 물기 머금은 흙들이
봄노래를 부른다

죽은 듯 잠자던 목백일홍도
기지개를 켜고
나비와 벌들이 모여들어
봄 잔치를 벌인다

봄볕이 불러대어
자꾸 방문 열고 내다본다.

아들들이 쓰다버린 책

아들들이 쓰레기로 버리고 간
책이며 노트의 먼지를 닦으며
아들들의 어린 모습을 그려본다

버리라고 성화하는 가족들의 눈총도
사랑으로 감싸 안고
소중했던 발자취를 더듬어본다

그들 앞에는 항상
환한 등불만 켜지기를 기대하며
그간 흘린 내 비지땀도 옥구슬로 알련다

그들 위한 일이라면
아픈 다리의 통증도
얼마든지 참을 수 있을 것 같다.

7월의 밤

달이 뜰 무렵이면
수줍은 듯 박꽃이 피어나네
군데군데 분꽃들
댕기처럼 알록달록 피어나네

칠월이면
돌아가신 아버지의 생신 생각
북두칠성 보며
이야기 나누던 자매들 생각
오늘도 저 하늘을 메운다

먼저 간 그들도 이제는
아버지 어머니 곁에 있겠지

보고 싶어도 볼 수 없는데
은하수는 여전히
그 자리에 있구나.

바람의 선물

엊저녁 세찬 바람에
아직은 새파란 은행잎들이 떨어져
마당가에 나뒹군다

평소 게으르던 남편도
부지런히 비질을 한다

해만 뜨면
나에게는 태산 같은 일
눈앞에 기다리는데

오늘 바람이 준 선물로
남편이 부지런을 떨고 있네.

종로 찬가

종로에는 총 21개의 동이 있다
사대문 안에 위치한 종로는
효자 · 효부가 가장 많은 곳이란다
또 우리의 역사를 지닌
경복궁 · 운현궁 · 창덕궁 · 덕수궁 · 창경궁…
모두가 종로구에 위치해 있다

인왕산 · 북한산, 동대문 · 남대문도 있으며
그 어느 곳이든 내가 사는 동네에서
걸어서 갈 수 있는 곳
나는 종로 구민,
자랑스런 가회동 사람.

핸드폰

밤을 따다가
밤나무 위에서 사무를 본다
지하철 안에서 집안 살림을 한다
"광 안의 장작더미 옆에 식초항아리 있어요. 그 선반
에 있는 작은 키 좀 가져오세요."
"키는 왜?"
"참깨 좀 까불어야 해요"

지하철안의 모든 귀들이
대화에 귀를 모은다
이사람 저사람 전부 핸드폰 들고
온갖 이야기들을 해댄다

언제부터인가
너나없이 집착하게 된 핸드폰
분명 문명의 이기이기는 하나
하나같이 격조 없는 대화들뿐이다.

며느리에게

푸른 잎도 언젠가는 누른 떡잎 되듯
새색시도 세월 지나면 시어미 되고
날 따르라 하지 않아도
함께 가는 인생 길
쓴말, 잔소리 하지 않아도
잘도 따라 오네
정성 밴 향기가 온 집안에 풍기네

"나는 네 나이 땐 너만 못했다"
그 한 마디 뿐이었는데
효부(孝婦)로 현부(賢婦)로 스스로 낮아지며
내 마음 흐뭇하게 하니
대대로 이 가문의 행운이네

아가야!
집안 걱정은 모두 내게 맡기고
모처럼의 해외나들이 즐겁기 바란다.

5. 반성의 시간

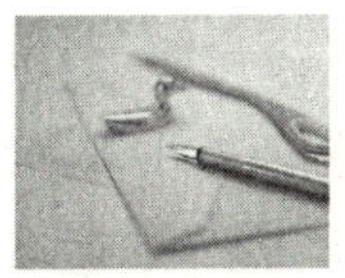

칭찬

아마도 나는 내가 하는 일에
아직도 남을 의식하고
칭찬을 기대하는가 보다
보아주는 이 없는 날은
신이 안 나기 때문이다

나는 바보
일의 노예가 되어
혼자 속앓이 하면서도
애써 태연한 척 하는 어리석음

간혹 누가 알아주기라도 하면
앙금 퍼내듯
신바람으로 손에 쥐가 나도록
일개미가 되는 것은 무엇일까

오늘도 그 기대감으로
하루를 보내는
나는 어리석은
바보.

단식의 즐거움

장롱 속 수많은 옷들
탐욕의 산물 같아
이래저래 나누어 주니
쌓였던 먼지도 함께 따라 나갔다

몸에 좋다고
무조건 잘 먹는 것이
몸을 보호하는 것 아니네
입의 즐거움은 결국 위장의 부담

먹지 않으니
입의 수고, 위장의 수고 다 덜어주고
손마저 한가롭다
모든 욕심도 저만치 달아나는
35일간의 단식이 가져다주는 즐거움.

소설 이휘소를 읽고

저마다 발돋움하며
자기 가는 길에서 열심히 뛰는
그들을 지켜보며
앉은뱅이 같은 내게 매를 든다

알몸으로 이 세상 나와서
앞만 보고 달린
우뚝 선 존재 이휘소
노벨상 후보로 오르내리더니
끝내 피워보지도 못하고
불행하게 끝난 삶

'소설 이휘소'를 읽고 나니
그간 열심히 살았다고 자부했던 내가
더욱 작아 보여 부끄럽기만 하네
나의 왜소함이 보이네.

63빌딩에서 내려다 본 야경

63층 라운지에서 내려다보니
세상은 마치
까만 벨벳에 다이아몬드를 박은 듯하다

비단 치맛자락 끌며 시중드는 사람
상 가득 차려진 산해진미의 음식
오늘 잠시
나는 시녀 거느린
왕후라도 된 듯한 기분이다

친구와
쓰디쓴 옛이야기도 달게 나누며
야경을 바라보니
그 옛날
부러운 눈으로 올려다보던 은하수
오늘은 하나도 부럽지 않네.

상대를 보는 눈

사람은 누구든지
상대로부터 인정받기를 원한다
더구나 눈에 보이지 않는 것을 알아줄 때
한 발 더 가까워지고 따사롭게 느껴진다
너무 높이 봐 주는 것도 현기증 일지만
낮추어 볼 때도 담을 쌓게 된다

더도 말고
덜도 말고
너는 너
나는 나
있는 그대로만 보아준다면
서로 자존심 상할 리도 없는데….

가을 단풍

여름 장마에도 그토록 무성하더니
이제는 단풍으로
그 자태가 요염하구나

빈들의 허수아비 외롭고
모두 날아간
빈 둥지의 고요
항상 북적거리던 뜰에
이제는 적막만이 가득하다

뽀얗게 먼지 앉은 책상에
뒤로 밀려난 내 모습
너는 철새
내 곁을 떠나가는 철새.

엉거주춤한 나의 일상

토요일 오후
원고지를 앞에 놓고 망설인다

보일러 수리하는 것 감독해야 하고
아들 연애편지 태우는 아궁이 살펴야하고
텔레비전의 엑스포그랜드 디스코 쇼에도
눈길이 자꾸 가고
재봉틀 앞에는 원피스 늘이려고 꺼내놓고
저녁약속 시간도 다가오고
뒷방 도배는 아직 끝나지도 않고
감기기운 돌아 몸은 구들장에 지지고 싶은데

몸은 하나인데 할일이 너무 많아
언제나 엉거주춤한 나의 일상.

목욕탕에서

추운 날이면 일손 다 접고
목욕탕을 간다
주렁주렁 매달고 덕지덕지 붙은 것
다 떨치고 알몸이 알몸을 감상한다

젊음을 질투라도 하듯
우유와 소금으로 마사지를 하고
심술같이 붙은 살들을
때밀이 아줌마에게 맡기는 사람들
그 광경 재미있어
오늘도 목욕탕을 간다.

그대 역마살

약속시간에 나타난 칠십 세
웃는 얼굴에서는 열일곱 살로 보인다
진달래 꺾어들고
그 옛날 순이 만나던 그 모습 같다

노송 같은 저 모습에도
가슴은 두근거릴까?
자꾸만 자꾸만 웃음이 난다

깨끗한 집, 따뜻한 방도 팽개치고
여름 계곡, 가을 단풍, 겨울은 흰 눈 찾아
토요일이면 단봇짐 싸는 신사
역마살의 적토마는 삼천리를 누빈다

고독한 빈 방에 원고지 펴놓고
그대 역마살은 정말 이해하기 힘들다고
혼자 원망을 한다.

웃음을 찾아

눈 내리는 날
웃는 일 하도 그리워
웃음 찾아 시장으로 나왔지만
독사 같은 말에 깜짝 놀라
황급히 되돌아 나왔다

텔레비전의 코메디 프로가
웃음을 유도하지만
역겨워 다시 돌린 채널

경기도로 전화기 다이얼을 돌리니
"할머니!"
"그리고…"
수화기 속의 또랑또랑한 손녀 음성
웃음소리보다 더 반갑다.

책가방에 희망을 담고

이순의 문턱에서 돋보기 쓰고
책상머리에 앉아 이팔청춘 되어본다
내일이 있다고
내일이 많다고
넓은 세상 뛰어보고 싶다

창살 없는 감옥에서
일상에서 탈출하여
말간 안경너머로 푸른 하늘 바라보며
무거운 책가방에 희망을 담는다
내일을 위하여 다시 뛴다.

변심

전매특허는 아니지만
내 것이 네 것이 된다는 생각을 하니
배신감이 인다

원망하는 마음으로
주고받는 말 속에서
융단으로 포장한 위선들이 느껴지니
가시가 되어 상채기로 남는다.

멀리서 보면…

멀리서 보면 잔잔한 수면
그러나 머리카락 한 올에도
조그마한 상처에도
서로 부딪치고 부서지는 가슴
태풍이 되고 파도가 친다

갈가리 찢어진 문풍지는
미풍에도 일렁거리듯
오늘도
일상을 깬 작은 바람에
비수 맞은 것 같은 심정이네.

강아지

아무리 귀엽다고 안아주어도
강아지는 강아지, 개는 개일 뿐이다
사람만 보면 꼬리를 치지만
보이지 않을 때는 혼자
깽깽거린다

시도 때도 없이 깨갱거려
발길에 채이지 말고
조용히 집만 지키는 것이
너의 본분이라는 것을 잊지 말기를
그래서 사람과 개라는
분명한 차이가 있는 법.

하얀 거짓말

밝은 태양도 어둡게 느껴지고
밤이면 악마가 춤을 추는지
일기장 속에는 효심이라고 했지만
하얀 거짓말로 보인다

낳았을 때의 희열
옹알이 했을 때의 희열
고이 간직하고 싶지만
웃음이 메마르고
모두가 하얀 거짓말이 된 오늘

산다는 것이
날마다 외줄 타는 심정이 되어
가슴만 탄다.

열매

작고 말랑하던 발바닥으로 일어서던 네가
어느새 255mm의 가죽구두 신고
하얀 드레스의 신부를 맞이하니
무더위에 김매던 노고도 다 잊어버리고
이제는 주렁주렁 달린 열매만 보인다

나는 추수의 기대로
입가에 미소를 머금고
잘 여물어가는 너를 바라볼 것이다.

하루의 시간

새벽부터
오늘의 주어진 24시간을
어떻게 분배해야
유용하게 쓸 수 있을까를 고심한다

조금의 시간도 낭비하지 않기 위해
독서도 하고 글도 쓰며
허리가 아파도 눕지 않는다
간혹 편하고 싶은 마음이 유혹을 하나
째깍거리는 초침소리가
귀에서 떠나지 않는다.

돈

귀한 곳, 천한 곳 구별하면서 써야 하지만
더 소유하기 위해
동기간에도 인색해지고
양심을 속여 가며 가면을 쓰고
살인까지도 서슴지 않는 세상

땀 흘려 일하고 얻은 귀한 돈
정직하게 의리에 맞게 배분해야
돈의 가치는 빛나고
그래야 더 나은 내일을 기대할 수 있는 것.

살아가는데도 필수이지만
죽어서도 돈이 드는 세상.

무명 같은 손

더덕껍질같이 꺼칠한 내 손마디
독한 약품에 닳고 닳아
젊은 날은 장갑으로 가리던 손
이제는 밭일까지 하니
더더욱 굵어진 손마디

시간을 절약한다며
달리는 차 안에서 곶감을 깎고
채소까지 다듬으니
주인을 잘못 만나
노후까지 혹사만 하는 손
그래도 잘 살아왔다고 자부하던 손
그간 살아온 내 삶이 훤히 보인다

더덕껍질같이 울퉁불퉁한 손마디
아무도 칭찬해주는 사람 없어
혼자 쓰다듬는 손.

반성의 시간

이곳에 있으면
저쪽이 더 마음에 들듯이
성당에 앉아 있으면
비워두고 온 미용실 생각
시장에 가서 옷을 사면서도
한편으로는 사치 병 나를 생각한다

레지오 단원으로 환자들을 방문할 때면
내 어머니 내 올케에게
평소 제대로 베풀지 못한
미안함이 앞선다

몸 하나에
이리저리 시간을 분배하다 보니
부질없는 곳에 시간을 낭비한다는
반성을 하게 된다.

기억속의 추석 · 1

평소 집안 살림만 하는 주부가 부러웠다
사십년을 직장도 가정도 아닌
나는 늘 안절부절의 자리
집안 일 하다가도 사업장에서 부르면
물 묻은 손으로 뛰어나가는
이도 저도 아닌
반쯤 걸친 몸

직장에서 일을 하면서도
머릿속은 온통
추석준비로만 가득하던 그때

추석 때면 늘 송편을 빚던 어머니
지금은 편찮아 누워계시고
지난 날 생각하면서
혼자 송편을 빚는다.

기억 속의 추석 · 2

이제는 집안 일만 하는데도
지난 날 호경기 그때가 떠올라
마음은
가시밭 같고 우울하다

해마다 추석 때면 생각나는
첫 아이 조산의 아픔
놋그릇 닦던 올케의 모습
송편 빚던 어머니의 모습

모두들 풍요한 가을
즐거운 추석이라지만
언제나 현실만족 못하고
조바심만 치는 내 변덕.

향기로운 시간들

지은이 / 유금준
펴낸이 / 金映希
펴낸곳 / 도서출판 土房

2009년 4월 15일 초판1쇄 발행
등록 1991. 2.20. 제6-514호

136-825
서울특별시 성북구 성북동 184-68 3층
전화 766-2500, 747-4588
팩시밀리 747-9600
e-mail/tobang2003@hanmail.net

ISBN 978-89-87066 83-7 03810